MOMENTOS DE LA VERDAD EN RECURSOS HUMANOS

MOMENTOS DE LA VERDAD EN RECURSOS HUMANOS

FERNANDO AYALA

Número de Control de la Biblioteca del Congreso de EE. UU.:   2017908785
ISBN: Tapa Dura   978-1-5065-2063-6
                 Tapa Blanda   978-1-5065-2064-3
                 Libro Electrónico   978-1-5065-2070-4

Información de la imprenta disponible en la última página.

Fecha de revisión: 06/06/2017

Para realizar pedidos de este libro, contacte con:
Palibrio
1663 Liberty Drive, Suite 200
Bloomington, IN 47403
Gratis desde EE. UU. al 877.407.5847
Gratis desde México al 01.800.288.2243
Gratis desde España al 900.866.949
Desde otro país al +1.812.671.9757
Fax: 01.812.355.1576
ventas@palibrio.com
762658

CONTENIDO

INTRODUCCIÓN

Este libro surge a raíz de una oportunidad que recibí por parte del grupo gerencial de recursos humanos para dar una conferencia en el Foro Laboral organizado por el grupo de Gerentes de Recursos Humanos del parque JGFA.

A raíz de este evento surgió en mí la curiosidad de seguir investigando sobre este concepto que si bien originalmente surge del área comercial y de servicios al ver similitudes con el área de Recursos Humanos surge de ahí mi curiosidad por aplicar este concepto en el área de manejo del personal.

A través de mi carrera en el área de Recursos Humanos me he dado cuenta que nuestra función está íntimamente ligada a la toma de decisiones del personal que labora en las empresas y que en mucho depende de nuestras acciones el que la persona tome la mejor decisión; todo esto con el fin de atraer y retener a los empleados.

Es por eso importante conocer un concepto derivado del servicio al cliente y que puede muy bien ser adaptado a la función de recursos humanos en cualquier tipo de organización.

Pero no solo es importante que lo profesionales de RH lo conozcan; es todavía más importante que lo compartan con la gerencia y el personal de supervisión para que se comprenda este concepto y así, trabajar mano a mano en lo referente al manejo del recurso humano

Dedico este libro a mi esposa Ivonne quien me inspiro al hacerme ver que todos los Momentos de la Verdad que se presentaron en mi vida y las decisiones que tomé en cada uno de ellos hicieron posible que nos encontrásemos para formar una pareja sólida y una hermosa relación de vida.

A mi hija Roselle Nuestro Momento de la Verdad hecho realidad, quien me motivó a escribir sobre servicio al cliente ya que con solo verla actuar en su nueva vida profesional me hace ver con claridad lo que es vocación de servicio al cliente.

Y a todos mis compañeros de profesión que día a día y sin notarlo, vivimos Momentos de la Verdad a favor de la empresa, nuestros empleados, nuestra ciudad y nuestro país.

Imagina esta situación de la vida personal.

En la reunión del día de ayer te presentaron a una persona con la que estuviste charlando durante toda la noche sintiéndote muy agradable ante su compañía

Después de conocerse ella te proporcionó su número telefónico y con esto te enviaba el mensaje obvio de que le gustaría tener una nueva reunión contigo

Te pones a pensar en este momento si vale la pena o no llamarla después de todo se la pasaron bien y crees que si valga la pena tener una salida más para conocerla mejor.

¿Qué encontramos aquí? estas en un primer Momento de la Verdad ya que la decisión que tomes puede cambiar el curso de tu vida si no para siempre si en el momento presente

Y te pones a pensar. Ella me dio sus datos para localizarla lo que significa que desea verme nuevamente. Cierto, ella vivió su Momento de la Verdad al decidir darte su teléfono o no dártelo.

¿Que sigue? que en tu Momento de la Verdad tomarás la decisión que tu juzgues te servirá o te agradará pero esto a su vez va ir aparejada con la decisión que tome ella de contestarte o no o de aceptar tu invitación o no. Ese será su siguiente Momento de la Verdad el cual determinará tu siguiente Momento de la Verdad. Y así seguirán repitiéndose los Momentos de la Verdad para ambos durante todo el tiempo que se relacionen. Es decir que durante todo el proceso de conocerse estarán tomando decisiones que irán ligadas a las decisiones del otro y ambas dirigidas por los Momentos de la Verdad que tendrán cuando tengan que tomar una decisión cualquiera que esta sea relativa a su relación.

Imagina el siguiente escenario.

Un candidato a un puesto de alto nivel gerencial acude una entrevista de empleo contigo. La persona llega puntualmente a la empresa y se presenta en la recepción saludando e indicando a la recepcionista que tiene una cita contigo a las 10.

La recepcionista (quien por cierto es personal temporal contratada por agencia de outsourcing) está ocupada escribiendo un correo electrónico y chateando por su teléfono al mismo tiempo, por lo que no le responde de inmediato a la persona sino hasta después de varios minutos de espera por parte de él.

Finalmente voltea a ver a la persona con cara de ¿"no ve que estoy ocupada? Molesta e incómoda.

Su expresión facial, su lenguaje corporal y su tono de voz van a crear una clara impresión negativa por parte de ese candidato.

La peor parte de este escenario es que la impresión negativa por parte del candidato no será solo la actitud de la recepcionista sino que la persona va a evaluar todo en conjunto. Es decir, que su impresión la llevará al terreno de evaluar a la compañía o a la persona por esa conducta negativa.......

MOMENTO DE LA VERDAD
MOMENT OF TRUTH (MOT)

Este concepto surge del sector comercial y de servicios en su afán por mejorar el concepto de servicio al cliente. El concepto de Momento de la Verdad o Moment of Truth fue acuñado por el Sr. Jan Carlzon autor del libro *Moments of Truth*. En el cual detalla el concepto de Momentos de la Verdad sobre la experiencia del cliente al recibir un servicio. **¿Pero qué es el Momento de la Verdad o Moment of Truth (MOT)?**

DEFINICION
   El Momento de la Verdad es el momento que surge en la interacción entre el cliente y la empresa en el que el primero genera o cambia su sentir o su impresión respecto de la segunda y esto lo guía a tomar la decisión que le conviene.
   Es un momento definitorio de un proceso de interacción entre un cliente y un proveedor en el que ambos cambian impresiones que guían a la toma de decisiones por parte del primero.
   El momento de la verdad es el momento de la toma de decisión por parte de una persona y esta toma de decisión racionalizada trae ya consigo un proceso de análisis por parte del cliente.

Todo un proceso de preparación por parte de la empresa en el que a través de diversos mecanismos busca que la decisión que tome el cliente sea en beneficio de la empresa través de la selección de sus servicios o productos y que a la vez, el cliente quede convencido que ha tomado la mejor decisión.

En cada Momento de la Verdad existe el factor interacción; cualquiera que sea el medio por el que se de ésta. Es decir que ambas partes se encontrarán en algún momento de la decisión que tenga que tomarse por parte del cliente y no necesariamente durante su proceso de decisión final. Pongamos un ejemplo:

La persona acude a la tienda de departamentos a buscar una televisión. Llega al departamento de electrónica y empieza a reconocer marcas que él o ella conoce o ha oído hablar de ellas o las ha visto en la televisión o entrevista o por internet o se le ha recomendado por parte de amistades.

Si bien el Momento de la Verdad del cliente está en el preciso momento en el que se va decidir a comprar una televisión, el Momento de la Verdad de la tienda departamental se inicio mucho antes. O sea que sus esfuerzos de mercadotecnia, su promoción en los medios publicitarios, la capacitación de sus empleados de ventas, su despliegue en la internet y el cuidado de los clientes anteriores hacen en conjunto su Momento de la Verdad para que el Momento de la Verdad del cliente se incline hacia su empresa.

Es importante no solo contar con esfuerzos de mercadotecnia sino que también entran factores como la reputación que posee la empresa, su involucramiento en la comunidad, como es reconocido como empleador y en general como la identifica la gente. La simple percepción de una empresa puede guiar el sentido de una decisión de compra.

Tres puntos a aclarar con respecto a los Momentos de la Verdad:

1. **Un Momento de la Verdad no requiere que exista un contacto físico entre humanos.**

   El Momento de la Verdad se puede dar sin que exista un encuentro entre individuos ya que es un proceso de toma de decisiones que surge cuando la persona esta decidiendo sobre un producto o servicio que incluso tampoco este presente. Es decir que la decisión la toma la persona con base en lo que conoce del bien producto o persona sin necesidad de tenerlo frente a sí.

   Puede darse el caso de que jamás se vaya a dar ese contacto durante la toma de decisión. Por ejemplo las compras través de la internet puede ser que no contenga ni siquiera la información de la empresa que produce el bien o servicio y solo se tenga información del intermediario-en este caso – la página de internet.

2. **Cualquier dato, área o aspecto de una empresa que tenga contacto con el cliente generara un Momento de la Verdad.**

   Existen muchos elementos a considerar cuando se trata de lograr que el cliente tome la decisión de elegir a la empresa y estos elementos tiene que ser cuidados durante todo el proceso de elección por parte del cliente. Todo tipo de contacto ya sea visual o físico puede por un lado atraer pero por el otro puede arruinar un negocio de compra que ya se veía logrado. Elementos no solo al interior de la empresa sino que en este proceso de elección todos y cada uno de los posibles contactos del cliente potencial juegan un papel muy importante en la venta. Por lo tanto no es solo cuidar aspectos como las relaciones personales entre el vendedor y el cliente son aspectos que parecerían lejanos o intangibles como la reputación de la empresa.

3. **Lo que sucede al interior de la empresa o que se hizo en el proceso de venta para satisfacer la curiosidad o interés de un comprador no le interesa a este ultimo.** El cliente solo tomará en cuenta lo que tiene en su mano al final de dicho proceso. El cliente tendrá varios Momentos de la Verdad en su proceso de compra y al momento de la decisión final ya habrá evaluado el producto o servicio pero sin tomar en cuenta y ni siquiera haber pensado en los procesos de manufactura o los esfuerzos de mercadotecnia que se hicieron para hacerlo interesarse en ese producto.

Pero a la vez si antes de tomar una decisión por ejemplo no le gusta lo que escucha de la empresa o no le gusta el comercial que vio por televisión su decisión podría ir en otra dirección.

Al cliente no le interesa que es lo que la empresa ha hecho para hacerle llegar un producto o servicio o como trabajo en su plan de mercadotecnia para impulsar su curiosidad o deseo de tener ese bien o servicio.

Lo que el cliente está percibiendo es lo que él o ella considera es muy importante para tomar una decisión es decir está viviendo en ese preciso instante su Momento de la Verdad.

El Modelo del Momento de la Verdad

EL modelo que se presenta a continuación es muy similar a un modelo de comunicación simple en el que el cliente potencial llega a la interacción con la empresa con todo su bagaje cultural y familiar el cual incluye sus creencias, actitudes, deseos, valores, expectativas y sentimientos y todos estos elementos lo harán conducirse de una manera muy particular al momento de iniciar un intercambio de tipo comercial con su contraparte.

De igual manera, la empresa posee características únicas que la harán presentarse a ese intercambio en su particular manera de hacer negocios.

Y es allí, precisamente en el momento en el que se da el intercambio en donde surge el Momento de la Verdad ya que el cliente tomaría la decisión de adquirir el bien o servicio que se le oferta dependiendo del trabajo previo y actual de la empresa para que se tome la mejor decisión.

En el caso de las empresas su Momento de la Verdad inicia mucho antes de la negociación directa con el cliente.

Momento de la Verdad

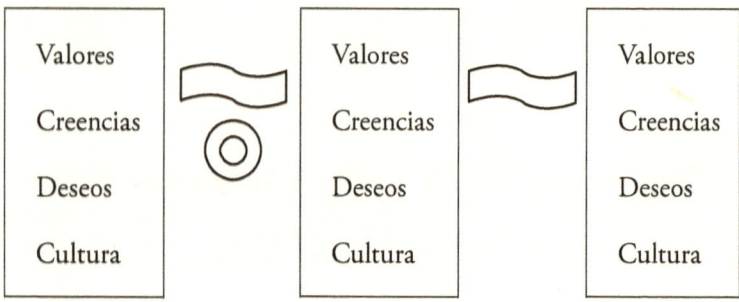

> Ejemplo 1. Estás en una agencia de autos. Ahí está frente a ti el carro de tus sueños, el vendedor tiene el contrato de tu vida también frente a ti y la agencia está a punto de cerrar el vendedor ha hecho su trabajo y te está presionando para que firmes el contrato ¿firmarías?

> En este ejemplo se puede apreciar claramente el Momento de la Verdad por parte de ambos participantes, por un lado el trabajo realizado de parte del vendedor generado como su Momento de la Verdad para poder convencer al cliente de comprar el vehículo que él le presenta y por otro lado el Momento de la Verdad del comprador cuando se le presenta la oferta y se ve atraído o no para tomar la decisión de comprar o no el vehículo que le es ofertado.

> Ejemplo 2. Estás en una junta de negocios, hay ensaladas, sándwiches y postres pero tú estás a dieta. Te ofrecen una galleta de chocolate y piensas "solo es una", ¿la tomas?
> En este ejemplo tenemos un Momento de la Verdad de carácter personal, es decir la decisión la tiene la persona por su mutuo propio sobre comer o no algo que está prohibido en su dieta.

Y sin embargo si existe un Momento de la Verdad de quien preparó u ofreció el alimento ya que su objetivo es que sea del agrado del potencial consumidor

➢ Entonces los Momentos de la Verdad no necesariamente surgen de una relación directa de dos o más personas ya que puede existir un Momento de la Verdad por una sola persona pero existe un trabajo previo de alguien o de una empresa para que al final la persona tome esa decisión o no.

En muchas ocasiones el Momento de la Verdad se enfoca en:

➢ **La relación cliente- empleado:** Existiendo una relación cordial, las metas se alcanzarán de una manera más expedita y se podrá prolongar la relación generando la post-venta ya que al haber sido un Momento de la Verdad positivo, las metas se alcanzan de una manera más rápida y personalizada quedando un buen recuerdo de ese Momento de la Verdad que permitirá que el cliente desee regresar. Por el contrario, de no existir la química, la venta se vuelve difícil o no existirá y aun si ésta se llevara a cabo, el cliente tal vez decidiera no volver con ese empleado o empresa por el simple hecho de no existir química en la relación.

➢ **Reacciones del cliente:** El Momento de la Verdad se dice es la parte final de una reacción natural que tiene el cliente ante un estímulo percibido y es esa chispa que permitirá que el cliente decida comprar algo y termine su duda sobre que producto o servicio es el que mejor se adapte a su presupuesto o a la satisfacción de su necesidades y que apoye su decisión con respecto a la empresa que le oferta el bien.

> **La confianza alcanzada**: Toda relación entre personas va a generar una emoción que podrá ser de característica positiva o negativa. Si esa emoción que siente el cliente ya sea por el producto que va a comprar o por el servicio que está recibiendo es positiva la venta es inminente.

> **La transacción de los participantes**: En una relación bipartidista en la que ambas partes van a pretender lograr el cambiar la manera de sentir o de pensar de la contraparte para que tome la decisión que le conviene y además hay que considerar que en esta transacción entran en juego todos los sentidos y los instintos de las personas involucradas.

> Saber controlarse es primordial para ambas partes como en un juego de póker en el que no se debe mostrar mas allá de lo que queremos que la otra persona sepa sobre mi forma de pensar.

Los Momentos de la Verdad y la decisión del cliente.

> Las decisiones que toma el cliente ocurren cuando el cliente recibe un servicio o adquiere un producto seguido de un buen servicio.

> Las transacciones frías, sin la calidez requerida, no generan apego del cliente con la empresa lo que vendrá como consecuencia es que estará afectando futuras decisiones de compra de parte del cliente.

> El exceso de transacciones o procesos burocráticos pueden hacer fallar la atracción y lealtad del cliente.

> Las experiencias emocionales positivas siempre serán atractivas para el cliente.

Impacto de las Emociones en la Relación Cliente Empresa

➤ +85% de los clientes aumentarán su compra o comprarán después de una buena experiencia de servicio.

➤ 70% de los clientes reducirá su consumo o no comprará nuevamente cuando las cosas no van bien.

➤ El voto negativo no será visible inmediatamente. Sus huellas aparecerán después con la respuesta del cliente a la experiencia vivida.

Recordemos que:

LOS CLIENTES SATISFECHOS SE LO DIRÁN A 3 PERSONAS MÁS.

LOS CLIENTES INSATISFECHOS SE LO DIRÁN A 10 PERSONAS MÁS.

Carlzon expone que los Momentos de la Verdad pueden ser positivos o negativos pero algunos autores han añadido un tercer valor al concepto de Momento de la Verdad este es el Momento de la Verdad promedio es decir ni bueno ni malo.

Momentos de la Verdad Negativos

Estos surgen cuando existen quejas, reclamos y todo aquello que lleve a una tensa relación cliente-empresa que no les permita llevar a cabo de manera exitosa el proceso de compra venta o relación comercial.

Ninguna empresa está ajena a estos momentos negativos pero son las empresas de excelencia las que a pesar de contar con Momentos de la Verdad negativos, los toman como lecciones para el futuro y no ven esto como hechos aislados que se superarían por si solos, por el contrario lo tomará para futuras lecciones o para tener una mejor capacitación de su personal y revisar sus procesos.

Momentos de la Verdad Positivos

Son las experiencias que causan admiración o deleite en los clientes, cuando se exceden las expectativas de ellos en servicio por parte de los empleados de la empresa.

El reto para las empresas radica en mantener ese nivel de servicio todas las ocasiones y mantener consistentemente un servicio extraordinario que haga que el cliente no solo regrese sino que recomiende a la empresa en su círculo de amistades.

Momentos de la Verdad Neutros

Cuando el servicio no es ni bueno ni malo, cuando solo se hace lo que se debe hacer y si se hace la venta bien y si no también.

Generalmente el empleado poco motivado actuará de esta manera. En este caso la venta podrá llevarse a cabo por otras circunstancias alrededor de la propia venta y no alrededor del esfuerzo del vendedor.

Pongamos como ejemplo una plaza comercial en la que el cliente va observando las diferentes tiendas y sus mercancías.

Suponiendo que el cliente ya trae en su mente una tienda de calzado a la que quiere acudir y se dirige hacia allá.

En el transcurso de su camino una vendedora de otra tienda de calzado le sonríe y le invita a ver los modelos recién llegados de su tienda. Su actitud de servicio lo convence y entra a la tienda.

Después de mostrarle la mercancía y de brindarle un servicio profesional y personalizado el cliente es convencido de comprar en la tienda.

¿Qué pasó? La vendedora hizo algo más que esperar a que el cliente entrara a su tienda a comprar, dio un paso más allá y lo sorprendió invitándolo a pasar. Ella vivió su Momento de la Verdad al decidir si es mejor solo ver pasar al cliente o tomar la iniciativa de hacer algo para atraer su atención hacia su negocio

Pueden existir en el transcurso de su llegada a la plaza comercial muchos momentos que lo dirijan indirectamente a la nueva tienda como la distancia a la que esta la otra tienda o la prisa que llevaba el cliente etc.

Eso es parte de los Momentos de la Verdad, vigilar no solo el comportamiento del empleado sino cuidar el entorno que rodea ese Momento de la Verdad del cliente.

Recursos Humanos y los Momentos de la Verdad

El área de Recursos Humanos como función primordialmente de servicio tanto a los empleados como a la alta gerencia, no puede ser ajena a este concepto de los Momentos de la Verdad.

Darle sentido al trabajo de los empleados.

> El empleado tendrá de manera consistente un buen desempeño de su trabajo en los Momentos de la Verdad si conoce y entiende perfectamente el QUÉ y el PORQUE del mismo.

> El "QUÉ" es la parte racional de la relación empleado-empresa o cliente interno y se reconoce como el saber y entender los procesos, procedimientos o políticas que se llevan a cabo en el área de Recursos Humanos.

> El conocimiento de su trabajo cotidiano le permitirá al empleado desempeñar un buen trabajo y tendrá mayores oportunidades de desarrollo durante todo el tiempo que dure su relación de trabajo durante su vida laboral con la organización.

> ➢ El "PORQUE" son los sentimientos inconscientes que motivan al empleado a llevar a cabo su función dando el extra sin obligación de por medio.
>
> ➢ Es decir su auto-motivación para hacer lo que tiene que hacer y hacerlo bien y con deseo de servir.

Momentos de la Verdad en Recursos Humanos

Existen una inmensa cantidad de Momentos de la Verdad en Recursos Humanos desde que iniciamos con la función de reclutamiento y el "branding" externo hasta el proceso de salida de la organización y aún posterior a ésta.

¿Cuáles son esos Momentos de la Verdad?

¿Cuántos Momentos de la Verdad experimentan los empleados en su relación con la empresa?

Son innumerables los Momentos de la Verdad que van a experimentar los empleados y no empleados con Recursos Humanos y con la empresa en general a lo largo de su relación con ella.

Los momentos van a ser de manera general durante el desarrollo de las funciones principales de Recursos Humanos a saber:

Reclutamiento, selección, capacitación, relaciones laborales, compensación, terminación, desarrollo, relaciones humanas, branding, servicios al personal, comunicación, etc.

¡Los Momentos de la Verdad existen desde el momento de pre-selección hasta la partida del empleado cualquiera que sea la causa... !!

¡¡Todo un ciclo de vida con Momentos de la Verdad!!!

- ➢ Es importante saber y entender los Momentos de la Verdad que se suceden en la relación laboral.
- ➢ Hay que ayudar a la persona a tomar la decisión que conviene a ambos en cada Momento de la Verdad para atraer, y retener el talento de la empresa.

Para explicarlo de una manera más clara y ágil pongamos dos personajes a través de los cuales podemos explicar de manera clara las implicaciones que tiene el servicio al cliente de parte de Recursos Humanos en la toma de decisiones que lleva a cabo un empleado aun antes de serlo.

Por un lado tenemos a JUAN. Este personaje va a jugar dos papeles en este recorrido por las funciones de Recursos Humanos: es candidato a trabajar en la empresa y es empleado de la empresa.

En segundo término tenemos a un personaje que representa el sector empresarial el es Erreache quien representará a la función de Recursos Humanos en lo referente a procesos y actividades de la empresa principalmente de Recursos Humanos

Tenemos un tercer personaje, él es "Otros" y es quien representa a otras áreas o puestos dentro o fuera de la organización que juegan también un importante papel en los Momentos de la Verdad de los primeros dos personajes.

Identificación de los Momentos de la Verdad en la Relación Laboral

1

Momentos de la Verdad en el Pre- empleo

Momento de la Verdad para ERREACHE

Momento de la Verdad para JUAN

"Me levanto para ir a buscar trabajo".

"No tengo intenciones de buscar empleo así que no me levanto".

El primer Momento de la verdad para una persona en su vida diaria es aquel en el que va a tomar la decisión de levantarse temprano a buscar empleo o simplemente de no levantarse a buscarlo. Es un verdadero Momento de la Verdad para él ya que tomará la decisión sin presiones o sin influencia de ningún tipo sobre buscar empleo o no buscarlo.

En este caso específico, la decisión es fundamentalmente personal y la empresa no tiene injerencia aún en la decisión del candidato en cuanto a su capacidad de decisión de buscar empleo. La empresa y el área de recursos humanos se convierten en observadores pasivos.

Preguntas de Reflexión

1. ¿Lo que impulsa a Juan a buscar empleo o no, tiene que ver con alguna razón en especial?
2. ¿Puede Erreache influenciar en algo la decisión de buscar empleo o no por parte de Juan?
3. ¿Cómo puede Erreache influir positivamente en la decisión de Juan?

En resumen, los Momentos de la Verdad para la etapa de Pre-empleo son:

Para Juan, decidir si se levanta o no a buscar empleo

Para Erreache es el buscar algún tipo de motivador que haga que Juan piense que bien valdría la pena levantarse temprano para ir a la empresa.

Para Otros no existe un Momento de la Verdad en el que intervengan de una manera directa.

2

Momentos de la Verdad en el Reclutamiento

Momento de la Verdad para ERREACHE

INICIATIVA POSITIVA La empresa recibe candidatos. La empresa hizo esfuerzos y utilizó técnicas de reclutamiento para atraer a Juan

INICIATIVA NEGATIVA La empresa no recibe candidatos. La empresa no hizo nada por atraer candidato y solo espera a que lleguen por si solos

Momento de la Verdad para JUAN

"¿Busco empleo en la empresa X?"

"¿Busco empleo en la empresa Y?"

Momento de la Verdad para OTROS

Participantes adicionales: otros candidatos, empleados y ex - empleados.

Recomendación, reputación

Escenario para Juan.
Juan por fin decide levantarse a buscar empleo y aquí surge su Momento de la Verdad: ¿a dónde voy? ¿Qué zona? ¿Qué empresa? Y entonces le viene a la memoria el volante que le fue entregado el día anterior por parte de una empresa en el cual le interesó una información respecto a prestaciones y que después lo vio en los comerciales durante su programa favorito en la televisión.

Así que con base en esa información que llamó su atención decide acudir a la empresa X a buscar empleo.

Escenario para Erreache.
La empresa está teniendo problema para atraer candidatos para cubrir sus puestos en las últimas semanas y es por eso que decidió utilizar volantes con la información relacionada a las prestaciones que ofrecen y al mismo tiempo utilizar un anuncio por la televisión en la barra de programas de mayor rating de la televisión a fin de captar la atención de posibles candidatos.

Escenario para Otros
Antonio que trabaja como jefe de grupo en la empresa acudió el fin de semana a un evento de la iglesia en el que se reunieron varias familias y en ese evento estuvo platicando con varios señores, Juan entre ellos- a los que les platicó de las prestaciones que le ofrecía su empresa y del buen ambiente de trabajo con el que contaba la organización.

El Momento de la Verdad en reclutamiento tiene relación con los esfuerzos que la empresa ha llevado a cabo con el fin de atraer candidatos en la cantidad y con la calidad que desea o requiere.

Entre estos esfuerzos tenemos los siguientes: Anuncios en los diferentes medios publicitarios incluyendo la internet y los medios sociales, los trabajos de mercadotecnia tanto internos como externos, las recomendaciones personales por parte de los empleados (branding interno), la reputación de la empresa en el medio en el que se desenvuelve (branding externo) y en general toda actividad que guie la decisión de parte del candidato por la empresa y lo haga presentarse a solicitar empleo en las condiciones que esta propone o indica.

Si la empresa hizo esfuerzos suficientes de reclutamiento el Momento de la Verdad del empleado en decidir en cual empresa buscará empleo será basado en el convencimiento que tiene debido precisamente a la información que tiene sobre la empresa cualquiera que sea el medio por el cual resulto convencido de actuar en consecuencia.

El Momento de la Verdad de Erreache surge desde el momento en el que se toman decisiones sobre el reclutamiento tales como:

- El medio por el cual se va a llevar a cabo el mensaje a los candidatos.
- Elegir el tipo de mensaje que se quiere hacer llegar para atracción de talento tipo de lenguaje, ilustraciones y todo aquello que invite a una persona a acudir a buscar un empleo con la empresa.
- Los esfuerzos que hace la empresa para aumentar el nivel de conocimiento que tiene la sociedad y el mercado laboral en donde se desenvuelve.
- El "branding" necesario para que la empresa forme parte del conocimiento del talento que acudiría a solicitar un empleo.

- La administración de agencias de reclutamiento y colocación o de servicios de "outsourcing: de tal manera que los esfuerzos en esta área permitan unificar criterios de contratación que sean compatibles con los de la empresa.
- El uso de herramientas de promoción interna como programas de referencia, bonos de contratación, referencias personales y similares que utilizan el recurso de los empleados actuales como fuente de reclutamiento a través de recomendar a la empresa.

Por otro lado hay de igual manera participación directa o indirecta de los "Otros" ya que con sus acciones coadyuvarán u obstaculizarán el buen término de esta actividad. Nos referimos entre otros a:

El personal de la empresa que se convertirá en agente de venta a través de su recomendación personal sobre la empresa. En este grupo tiene mucha más injerencia el personal de supervisión; ya que la actividad propia de supervisión ayuda a tener una imagen adecuada en los empleados

Instituciones gubernamentales de los tres niveles de gobierno: teniendo una buena relación y una buena imagen estas instituciones puede a su vez recomendar a la empresa e incluso hacerles llegar candidatos a través de sus programas de fomento al empleo.

Otro grupo muy importante en relación a la atracción de candidatos es el grupo todos los ex -empleados cuya opinión tiene un peso importantísimo en la imagen de la empresa ya que sus opiniones las basarán en la experiencia adquirida de trabajar en la empresa.

Por eso en muchas ocasiones es mejor llegar a convenios en los que ambas partes logren un acuerdo y no llegar a conflictos que tengan consecuencias más adelante.

Preguntas de reflexión

1. ¿Qué Momento de la Verdad se le presentó a Juan en su búsqueda de empleo y como lo resolvió?
2. ¿Qué Momento de la Verdad se le presentó a la empresa para lograr que Juan llegara a ella?
3. ¿Qué Momento de la Verdad se le presentó a Antonio para ayudar a que Juan llegara a la empresa?

En Resumen los Momentos de la Verdad de la función de reclutamiento para cada participante son:

Momento de la Verdad para JUAN: Definir qué empresa elije para acudir a solicitar empleo de acuerdo al convencimiento que tenga gracias a los esfuerzos de Erreache.

Momento de la Verdad para ERREACHE. Qué esfuerzos de reclutamiento deben hacerse para atraer a los mejores y qué tipo de imagen posee la empresa para que resulte atractiva ante los individuos en busca de empleo.

Momento de la Verdad para OTROS Trabajar directamente con otras áreas para que su actitud ante la empresa sea positiva de tal suerte que sus comentarios y comportamiento hagan de estos una fuente de recomendación y por lo tanto de recomendación.

3

MOMENTOS DE LA VERDAD EN LA ENTREVISTA DE EMPLEO

Momento de la Verdad para ERREACHE

INICIATIVA POSITIVA: Prepara su entrevista de selección profesionalmente de acuerdo con el puesto a cubrir y con las especificaciones de sus clientes

INICIATIVA NEGATIVA Pasa por alto partes del proceso normal de selección para cubrir rápido sus vacantes.

Momento de la Verdad para JUAN.

RESULTADO POSITIVO. Digo la verdad y contesto todo durante la entrevista no importa si son negativos para mí.

RESULTADO NEGATIVO Miento en los datos que no me conviene que sepan y así me contratan.

Momento de la Verdad para OTROS.

Participantes adicionales

Guardias, trato a la llegada de los candidatos y conocimiento de los requisitos

Escenario para Juan

Juan se presenta a pedir empleo y es recibido en la caseta de seguridad donde se le dice que se espere a ser autorizado a entrar. Después de un buen rato, el guardia le dice que pase a las oficinas de Recursos Humanos. Una vez dentro de las oficinas se le entrega una solicitud de empleo y se le pide la llene y se espere a que le llamen. Juan llena la solicitud y espera que lo llamen. El tiempo pasa y después de una larga espera es recibido por una persona que lo entrevista.

Juan sabe que en su historia laboral existe un problema por el que fue despedido y decide no decírselo a la entrevistadora.

De manera rápida y con preguntas pre-determinadas lo entrevistan y le dicen que pase a esperar para el examen médico. Acude a esperar y nuevamente pasa un buen rato allí.

Aquí tiene que tomar una decisión muy importante, decir la verdad en todo el proceso de la entrevistas u omitir aquellos datos o sucesos que pudiesen mostrarlo como un candidato no idóneo. Decide entonces decir solo lo que le pregunten.

Escenario para ERREACHE.

Erreache tiene la requisición para contratar un alto número de trabajadores debido a un incremento en las ventas del producto de la empresa y el área de manufactura requiere de manera urgente personal.

Erreache tiene sus procesos de contratación bien definidos así como sus tiempos de proceso, sin embargo se presenta esta petición de mucho personal y con urgencia. Esto le va a generar ajustar sus procesos de contratación de manera que pueda hacerlo dentro de los tiempos solicitados por manufactura.

Aquí es el Momento de la Verdad para Erreache: puede ser que elija reducir sus tiempos en alguna parte del proceso es decir, puede optar por eliminar un entrevistador en el proceso o bien reducir los tiempos de entrevista o más aun hacer una entrevista no tan a fondo como lo manda su proceso. De esto dependerá el cumplimiento de la requisición pero también de esto dependerá la calidad de los empleados que contratará. Decide acortar entrevistadores y entrevistar a la ligera.

Escenario para Otros. El guardia de seguridad recibió la orden de detener a todos los candidatos en la entrada hasta que una persona de contratación acuda por ellos. Además empieza a verificar que cumplan con el perfil físico que le dijeron.

El área de manufactura hace una requisición de personal por bastante gente y acude a Erreache a entregarla y les informa que es urgente. Erreache comenta que ya tiene sus tiempos específicos de proceso y la fecha solicitada no está entre esos tiempos. Manufactura le indica que no existe otra posibilidad y que espera a todo ese personal en los tiempos señalados en la requisición.

En el proceso de entrevista de selección, el candidato se enfrenta a un dilema es el momento de decidir qué hacer si tiene información que no le conviene presentar o discutir durante la entrevista si intentará ocultar o bien decir el asunto sin mentir y buscar con esto demostrar coherencia y valor.

Por ejemplo es posible que haya sido despedido en su anterior trabajo cualquiera que sean las causas y en este momento puede decirlo o no. Tiene que valorar en este Momento de la Verdad.

Por un lado, si lo expresa esto generará un sinnúmero de nuevas preguntas o bien desconfianza en Erreache pero por otro lado si no lo dice y Erreache tiene un proceso de verificación de referencia o lo van a saber y va a ser contraproducente no haberlo dicho desde el principio.

El candidato debe estar tomando decisiones durante todo el proceso de entrevista de selección de acuerdo a como vaya sintiéndose al contestar a cada pregunta del entrevistador.

En el caso del entrevistador, sus Momentos de la Verdad inician desde la planeación de la entrevista y aún antes desde la planeación de la contratación ya que en esta etapa pueden ocurrir situaciones que lo obliguen a cambiar su proceso normal de contratación.

Por ejemplo: tener una exigencia de contratar una gran cantidad de empleados en un período muy corto de tiempo y esto lo obligue a modificar o acortar su proceso y deberá tomar la decisión de que etapa reducir o que parte de la entrevista eliminar si deberá incluir o no a ciertos participantes en la entrevista o en su caso obviar respuestas durante la entrevista en menoscabo de la calidad de la información del candidato.

Preguntas de reflexión

1. ¿Qué Momento de la Verdad tuvo Juan en el proceso de entrevista?
2. ¿Qué Momento de la verdad se le presentó a Erreache al tomar una decisión sobre sus procesos y como afectan estos cambios a la empresa?
3. ¿Qué Momento de la Verdad existe para el área de manufactura en lo referente a sus necesidades de personal?

En Resumen, los Momentos de la Verdad para la etapa de Entrevista de empleo son:

Para JUAN decidir qué contesta, cómo contesta y cómo convencer al entrevistador al decidir qué camino seguir en cada paso del proceso.

Para **ERREACHE** es el definir su proceso de entrevista y en algún momento decidir si toma el riesgo de eliminar alguna etapa de su proceso de entrevista o a pesar de presiones seguir con su proceso establecido.

Para **OTROS** generalmente el que será el jefe directo y participa de la entrevista también deberá decidir si está convencido de la información proporcionada por el candidato y si es la persona idónea para el puesto.

4

MOMENTOS DE LA VERDAD EN LA CONTRATACIÓN

Momento de la Verdad para ERREACHE.

INICIATIVA POSITIVA Atención adecuada durante la entrevista siguiendo el proceso como es.

INICIATIVA NEGATIVA Paso por alto actividades para cubrir rápido la requisición.

Momento de la Verdad para JUAN.

RESULTADO POSITIVO Todo estuvo bien, Regreso a contratarme

RESULTADO NEGATIVO No me fue bien en la entrevista no me agrado, no me interesa ese empleo

Momento de la Verdad para OTROS.

Participantes adicionales.

Supervisores, agencias de reclutamiento

Escenario para JUAN.

Juan pasó por todo el proceso de entrevista y ahora se le presentan los papeles para que defina su permanencia o no en la empresa. El va a analizar lo que ha visto u oído de la organización y que tan bien se sintió durante los procesos anteriores a la firma de documentos. Mucho será percepción pero igual de válida que la realidad de los hechos.

Escenario para ERREACHE.

El empleado ya pasó por su proceso de entrevista y aun antes, ya se decidió por unirse a la empresa. Es el momento de cerrar el proceso de atracción. Es el momento de cerrar la venta.

Erreache se prepara con la documentación que deberá firmar el nuevo empleado y le explica con detalle lo que está firmando y cuáles son los siguientes pasos en el proceso de alta.

Escenario para OTROS.

En esta etapa Otros puede estar representado por los guardias de seguridad. El día de ayer hubo una discusión con el entonces candidato debido a que el guardia le pidió abrir la cajuela a de su auto y el empleado se negó a hacerlo. Con cortesía se le explicó que era la política de la empresa por razones de seguridad.

Momento de la Verdad para JUAN. La decisión de regresar a contratarse o contratarse en el momento de la selección de personal está totalmente en manos del candidato.

Ya Erreache hizo —o dejó de hacer lo que requería para convencerlo de contratarse con la empresa. Si el candidato tuvo un proceso adecuado que lo hizo sentirse adecuadamente tratado y que no existieron obstáculos o sobresaltos que hagan que rechace el ser contratado, este decidirá entonces contratarse.

Si por el contrario sintió que el trato, el tiempo, la personalidad del entrevistador, la entrevista en si, no fue satisfactoria para sus necesidades o deseos tomará la decisión de buscar una oportunidad en otra empresa.

Momento de la Verdad para ERREACHE

Erreache por su lado debe desde el principio del proceso definir su estrategia y su decisión de cómo llevar a cabo la entrevista de tal suerte que el candidato se sienta atraído para tomar la decisión de contratarse. Erreache debe estar consciente que cada paso que dé en el proceso significa un Momento de la Verdad para el candidato es decir que una decisión equivocada en elegir una pregunta o en incomodar al candidato se convertirá en una momento de la verdad negativo aun si es tan solo percepción de parte del candidato.

Momento de la Verdad para OTROS. Quienes juegan el papel de otros? Son varios los personajes que juegan un papel de protagonistas en este capítulo desde los guardias de seguridad o la recepcionista hasta la persona que lo atenderá a su salida ya que recordemos que el momento de la decisión existe en cada momento en el que el candidato piensa en contratarse o no.

Por ejemplo una espera muy larga pudiera ser suficiente razón para no contratarse en esa empresa y buscar otra alternativa que de acuerdo con el candidato ofrezca mayor respeto a los candidatos.

Preguntas de reflexión.

1. ¿Cuáles podrían ser las razones por las que Juan no regresaría o no se contrataría con la empresa?
2. ¿Qué cuidados debe tener Erreache en esta etapa para lograr que regrese y firme de contratación?

3. ¿Puede ser que Otros participantes provoquen que alguien no se contrate con la empresa?

En resumen los Momentos de la Verdad para la etapa de Contratación son:

Para JUAN el sentirse cómodo durante todo el proceso y ver la actitud del personal encargado de la función que le van a llevar a decidir quedarse con esta empresa o no.

Para Erreache sus Momentos de la Verdad serán aquellos que lo ayuden a convencer a JUAN de que en verdad vale la pena la empresa en la que se pudiera contratar a través de un trato amable, respeto y agilidad durante todo el proceso de tal manera que le genere la confianza necesaria para tomar la decisión.

Existen otros personajes que aun sin saberlo son claves en el proceso y son aquellos cuyas actividades pero sobre sus actitudes van a colaborar a que la imagen de la empresa sea de tal suerte positiva y logren que el proceso de aceptación del candidato se vuelva un proceso fluido y agradable.

5

Momentos de la Verdad en la Orientación a Nuevos Empleados

Momento de la Verdad para ERREACHE.

INICIATIVA POSITIVA Tengo un proceso que tuvo el efecto WOW en los candidatos.

INICIATIVA NEGATIVA "TENGO" que dar inducción!

Momento de la Verdad para JUAN.

RESULTADO POSITIVO Me encantó todo regreso mañana.

RESULTADO NEGATIVO No entendí nada, que aburrido mejor ya no regreso.

Momento de la Verdad para OTROS.

Otros participantes

Seguridad, guardias, participantes del proceso de orientación.

Escenario para Juan.

A Juan le pidieron que pasara a una sala de juntas en donde le dijeron que le van a decir que ofrece la empresa y otras cosas. Después de unos minutos llega una persona y les empieza a platicar sobre los orígenes de la empresa y el producto que van a hacer y para que se utiliza entre otras cosas.

Se va y entra otra persona que le informa cuales serán su prestaciones y que deben saber sobre el Reglamento Interior de Trabajo. Se va y entra otra persona que les va a platicar sobre seguridad industrial y el uso de equipo de protección. Y llega otra y les habla de los sistemas de producción y otras cosas que él no entendió.

Después de varias horas se encuentra con que de todo lo que se le dijo solo captó lo del salario y las prestaciones y algo del producto. Está aburrido y ya se quiere ir a trabajar.

Escenario para Erreache.

La empresa ha desarrollado un muy elaborado y completo programa de orientación a los nuevos empleados que incluye muchos temas que le ayudarán al empleado a integrarse a la comunidad de una manera rápida.

En este proceso además cuentan con el apoyo de otras áreas como seguridad e ingeniería y capacitación los cuales tiene su intervención programada aunque en ocasiones están muy ocupados y envían a alguien más o su tema lo presentarán después.

Escenario para Otros.

El supervisor de seguridad industrial siempre está ocupado y si algo le molesta es tener que ir a dar "inducción" porque ese es asunto de Erreache. Mejor envío a uno de mis técnicos para que dé el tema rápido y se regrese a trabajar.

El proceso de orientación a nuevos empleados es el Momento de la Verdad en el que se enamora al empleado. El momento en el que se "atrapa" al empleado de nuevo ingreso y además el Momento de la Verdad para el nuevo empleado ya que en este se presentarán condiciones de empleo, salarios, prestaciones y servicios que permitirán que tome una decisión definitiva sobre permanecer o no en la empresa.

El Momento de la Verdad del empleado da inicio al ser recibido en su nuevo lugar de trabajo. Hasta este momento solo ha tenido contacto con procesos de contratación como entrevistas y reclutamiento pero es aquí en la orientación en donde el nuevo empleado empezará a conocer algo más de la empresa y se formará ahora si un criterio respecto de ésta.

Llegará a la empresa con expectativas que espera le sean cumplidas durante todo el proceso.

Durante todo el tiempo que esté en la orientación estará tomando decisiones, cada presentación, cada información que reciba se convertirá en un Momento de la Verdad que lo hará seguir con la empresa o no.

Sus decisiones tendrán que ver con temas como:

¿El salario es el que buscaba o si el que le señalaron en la entrevista?

¿Las prestaciones son atractivas?

¿Las actividades que le presentan son importantes?

¿Las imágenes que se le presentaron son agradables o le impresionaron?

¿Es una empresa organizada, limpia, segura, atractiva en general?

¿Cómo se sintió durante todo el proceso?

¿Cuál es la ventaja con otras empresas similares?

¿Se ve trabajando ahí?, etc.

Para ERREACHE el proceso de orientación al nuevo empleado representa el vender a su empresa en terminar de cerrar el trato con el candidato de cerrar el ciclo de la contratación. Es por eso que este proceso debe ser considerado uno de los más importantes para Erreache ya que en este momento es el momento similar al cierre de la venta en un ambiente de ventas.

El candidato al igual que un comprador decidirá si cierra el ciclo positivamente después de escuchar las ventajas competitivas que se le presentan durante la orientación y deberá decidir si es de su agrado lo que recibirá a cambio de su trabajo.

Erreache debe "vender" a su empresa debe lograr que el empleado se sienta cómodo y confiado de que tomó la mejor decisión al buscar empleo en la empresa. Debe estar lo suficientemente convencido para que no solo regrese al día siguiente sino que su deseo de formar parte de la empresa sea duradero.

En un proceso de orientación al nuevo empleado, la empresa pone sus mejores argumentos de convencimiento y estos deben ser tan bien elaborados que permitan incluso que el empleado olvide algún mal momento que pudiera haber pasado en los procesos anteriores.

El Momento de la Verdad para Erreache es decidir qué tipo de proceso de orientación puede o quiere llevar a cabo; que perfil de persona requiere para llegar a cabo las sesiones, que medios de comunicación usará para presentar sus ideas y conceptos, cual es el tiempo que le dedicará al proceso.

Un proceso de inducción podrá ser moderno, estructurado, ágil, bien elaborado, con información de muy buen nivel y tener todas las características que los expertos en comunicación recomiendan para éste tipo de procesos y fallar simplemente por el entusiasmo que presenta la persona que lleve a cabo las sesiones.

Una persona que ve esta actividad como una "pérdida de tiempo" como algo que "no le deja hacer su trabajo" será suficiente para echar por la borda todos el trabajo documental y de administración del proceso de orientación.

Por el contrario una persona con todo el entusiasmo y el compromiso con la empresa que no cuente con los medios ni el apoyo necesario no podrá llevar a cabo un buen proceso de inducción y verá frustrados sus motivadores.

Preguntas de reflexión

1. ¿Juan realmente recibió una buena introducción a la compaña que lo haga sentirse miembro de ésta?
2. ¿El proceso seguido por Erreache logra su objetivo?
3. ¿Otros participantes tiene verdaderamente entendido la importancia de su participación en este proceso clave de RH?

En resumen, los Momentos de la Verdad para la etapa de Orientación a nuevos empleados son:

Para Juan el Momento de la Verdad sobre decidir si permanece o regresa al día siguiente tendrá que ver con:

Sus deseos y necesidades: si son cubiertas por la empresa.

Su evaluación cualitativa; que tan bien se estructuró el proceso para que el candidato desee regresar al día siguiente una vez que vio y escuchó a los protagonistas del proceso de inducción.

Qué tan cómodo se sintió con lo que vio, oyó, palpó y vivió durante el proceso.

Erreache debe tomar el ejemplo de la venta de un bien o servicio y llevar a cabo el cierre de la venta tan rápido como sea posible sin descuidar la calidad de lo que ofrece.

Lo que la empresa debe vigilar es:

El perfil del empleado que participará del proceso.

La calidad del material que entrega o presenta.

El entusiasmo al "vender a la empresa".

Como "cerrar la venta"

Medir el tiempo y saber cuánto es mucho tiempo o cuanto es poco pensando siempre en el empleado.

Existen otros personajes que participan en este proceso, al igual que en otros anteriores, los guardias de seguridad tienen un papel importante al recibir al nuevo empleado.

De igual manera existen personas que no son precisamente miembros del departamento de RH y que participan directamente en el proceso como pueden ser: seguridad industrial, personas del área de sistemas de calidad, etc., quienes al igual que Erreache deben mostrar empatía y entusiasmo al presentar sus respectivos temas

6

Momentos de la Verdad Después del Primer Día

Momento de la Verdad para ERREACHE.

INICIATIVA POSITIVA Buen ambiente y buen proceso de bienvenida.

INICIATIVA NEGATIVA Mal ambiente Laboral.

Momento de la Verdad para JUAN.

RESULTADO POSITIVO Estuvo muy bien si regreso.

RESULTADO NEGATIVO No me gustó, no regreso.

Momento de la Verdad para OTROS.

Otros participantes

Supervisor, compañeros de trabajo, guardias, cafetería.

Escenario para Juan.

Juan llega a trabajar con grandes expectativas y con temores sobre lo que encontrar en su primer día de trabajo. Es recibido en Recursos Humanos en donde le dan la bienvenida y es acompañado para ser entregado en su nuevo lugar de trabajo. Ahí es recibido por quien será a partir de hoy su jefe inmediato quien lo saluda y lo introduce con el resto del equipo.

Juan está nervioso y se pregunta si tomó la decisión correcta al ingresar a esta empresa.

Y así pasa su día evaluando cada momento y situación que se suceden durante su día de trabajo y haciendo un juicio de su nuevo ambiente. Al final del día hará una evaluación exhaustiva sobre lo que vivió y definirá su siguiente paso: regresar o no el siguiente día

Escenario para ERREACHE.

Sabe que llegará el nuevo empleado, verifica que la agenda de integración esté confirmada y que los participantes estén avisados y listos para recibir al nuevo empleado, verifico que el equipo de seguridad y todo el material de bienvenida esté listo. Recibe al empleado y lo entrega a su jefe directo mientras le explica algunas medidas o políticas de la empresa.

Hasta aquí tiene contacto directo con el nuevo empleado de aquí hasta el final del día su participación con el empleado será monitorear si no se ha presentado a recursos humanos Llega el final del día y acude con el empleado para preguntar cómo es que le fue en este su primer día de adaptación. Lo motiva a que regrese al siguiente día

Escenario para Otros.

El jefe directo está preparando la recepción del nuevo empleado ya verifico que esté listo el equipo y material, ya preparó el entrenamiento y a la persona que lo llevará a cabo. Ya informó al equipo de trabajo sobre la llegada del nuevo integrante y les informó lo que espera de cada uno de ellos para integrar al nuevo miembro de la mejor manera posible

El primer día de trabajo es quizás el más importante de todos los Momentos de la Verdad y su importancia radica en que en esta etapa se unen muchos Momentos de la Verdad de mucha gente y muchas áreas de la organización.

El nuevo empleado se va a encontrar con la cara real de la empresa no la que se le presentó en el proceso de orientación o en las entrevistas; ahora si se encontrará inmerso en la cultura organizacional en la cual vivirá muchas horas y con mucha gente.

El primer día inicia con la llegada de la persona y como es recibido primeramente por los guardias de seguridad y que tan preparados están estos para darle una cordial bienvenida o bien al subirse al transporte de personal que lo llevará a la empresa y se encontrará con sus nuevos compañeros durante el trayecto a la empresa.

El siguiente momento es al ser recibido por alguien de recursos humanos quien lo conducirá a la zona de trabajo que será su asignación aquí es importante que recibimiento tuvo y que tan preparados estaban para recibirlo.

Una vez en su área de trabajo tendrá otro Momento de la Verdad al intercambiar información o simplemente saludo con sus nuevos compañeros y supervisores y es importante este momento porque se verá si existe química o no con ellos. De no sentirse bienvenido seguramente no regresará al día siguiente.

De igual manera si no le agrada su zona de trabajo, su equipo, su equipo de protección, el clima, el ruido, la carga de trabajo en general, su decisión de no regresar será motivada por cada uno de estos factores o por el conjunto de sucesos y factores que le rodeen.

Para Erreache es el momento de coordinar con otras áreas que este primer día sea positivamente memorable para el empleado. Cuidar los detalles será una importante tarea que cumplir. Deberá trabajar cercanamente con todos los participantes en el proceso de inmersión en la empresa y estar vigilante a lo que sucede alrededor de nuevo empleado.

A pesar de que la mayor parte de la responsabilidad recae en otras áreas, RH deberá estar atento a los mensajes que envíe el empleado a través de sus opiniones y acciones que sean reportadas por su jefe directo. Erreache puede llevar a cabo una primera entrevista al final del primer día para conocer de primera mano el sentir del empleado y así reducir las posibilidades de que este no regrese a trabajar.

Otros son los principales actores de esta etapa. El jefe directo jugará un papel muy importante en lograr que el nuevo empleado encuentre un lugar de trabajo seguro, agradable y seguro a través de combinar bienvenida, entrenamiento y calidez en su trato hacia la persona.

Deberá generar un ambiente de integración al nuevo empleado, un ambiente de inclusión y de prometedor futuro.

Otros son áreas que de igual manera participan: las áreas de servicio en general cafetería, transporte, limpieza, entrenamiento, seguridad y toda aquella función en la empresa que formará parte del ambiente que rodeará el lugar de trabajo en su primer día de trabajo.

Las áreas de servicio como cafetería, limpieza, vigilancia si bien son importantes en el Momento de la Verdad del empleado no se preparan específicamente para la llegada del nuevo empleado es en realidad Erreache quien debe verificar que siempre se brinde el servicio adecuado.

Los compañeros de trabajo se preguntan quién será y como será su nuevo compañero, ya escucharon que se deberán conducir adecuadamente ofreciendo su ayuda al nuevo miembro y apoyándolo en su nuevo trabajo.

Preguntas de reflexión

1. ¿Cómo puede Erreache coordinar actividades que son de otras áreas?
2. ¿Qué necesita Juan para decidirse a volver a la empresa?
3. ¿Quién y cómo prepara a Otros para que el procesos de inmersión sea el adecuado?
4. ¿Cómo medir el progreso?

En Resumen

El Momento de la Verdad para Juan será todo el significado que para él **tengan los encuentros de ese día es decir que Juan estará teniendo infinidad de Momentos de la Verdad durante este día y cada Momento de la Verdad tiene que ver con varios participantes además de que muchos son basados en la percepción del hecho y situaciones que le pueden pasar al empleado o bien que el nuevo empleado observó le pasan a otros.**

EL Momento de la Verdad para Erreache es el momento en que debe hacer un cierre de día sólido para que el Momento de la Verdad del empleado sea positivo para la empresa.

Debe ser cuidadoso al mantener un ambiente de trabajo que sea atractivo para los empleados de nuevo ingreso asegurándose que las áreas que estén involucradas en esta inmersión al empleo estén preparadas y cumplan con cada parte del proceso.

El Momento de la Verdad para OTROS es todo aquel momento en el que existió un intercambio de información o de conductas con el nuevo empleado y la manera en que ambos se manejaron en sus relaciones personales o en la manera en que uno dio un servicio y como el otro lo recibió.

7

Momentos de la Verdad en Compensación

Momento de la Verdad para ERREACHE.

INICIATIVA POSITIVA Buena filosofía de compensación

INICIATIVA NEGATIVA Pago abajo de mercado y errores en el pago.

Momento de la Verdad para JUAN.

RESULTADO POSITIVO Recibí mi pago y es de acuerdo a lo que me dijeron y es suficiente.

RESULTADO NEGATIVO No es lo que me dijeron, no regreso.

Momento de la Verdad para OTROS.

Otros participantes

Nóminas, supervisores, otras empresas

Escenario para Juan.

Juan terminó su semana de trabajo y acude a sacar dinero del cajero automático ubicado dentro de la empresa y se encuentra con la sorpresa de que no tiene depositada la cantidad que se le dijo en inducción recibiría por semana trabajada, Después de ver esto, Juan acude a platicarlo con su supervisor quien le dice que lo va a revisar con el área de nóminas para saber qué fue lo que pasó. Juan molesto espera la respuesta no sin antes comentarlo con sus compañeros de trabajo.

Escenario para Erreache.

Erreache recibe al supervisor del empleado quien les indica de la diferencia en el pago de Juan.

Después de revisar el porqué del faltante llega a la conclusión que el primer día que correspondió a la inducción, la persona a cargo olvidó acudir con el empleado a explicarle como se marcaba la entrada y salida del trabajo y como funcionaba el sistema de pago.

Le dice al supervisor que no se preocupe que el dinero faltante le saldrá en la nómina de la siguiente semana.

Escenario para OTROS

El supervisor de Juan recibió la queja de faltante de su empleado, acudió al departamento de nóminas y recibió la noticia de que el pago lo recibirá hasta la siguiente semana. Acude a informarle a Juan quien molesto le dice que no es justo y el Supervisor le dice que no puede hacer nada al respecto

El concepto de la remuneración de los empleados es un tema altamente delicado ya que es una de las razones de la rotación de personal que más se expresan en la entrevistas de salida de una empresa. Y es que el aspecto de compensación tiene varias aristas como lo son las prestaciones y beneficios al personal así como el servicio en todo lo que se refiera a los procesos de nómina.

La compensación es un elemento que se usa tanto en la atracción como en la retención de talento y es por eso que la empresa debe estar atenta no solo a sus actividades relacionadas a ésta como el llevar a cabo encuestas de salarios y prestaciones para identificar el promedio de pago del mercado sino que también tiene que estar atento a como es la composición de su compensación total ya que debe determinar un paquete de compensación que sea competitivo en el área o en el sector en el que se desenvuelve.

Para el empleado lo importante es conocer cuál es el monto que se lleva a su casa y no le importa o no entiende como se llega a esa cantidad que él o ella recibe por su trabajo la clave al final de todo es la cantidad que se lleva en su bolsillo cada día de pago y eso significa su salario y aquellas prestaciones que reciba como bonos o incentivos.

En materia de retención a través de la compensación, la empresa debe cuidar mucho sus procesos de pago.

Una falla en su proceso de pago puede ser suficiente para que un empleado tome la decisión de dejar la empresa o de tomar otras acciones en contra de ésta.

Cuando se habla de compensación se tiene que tomar en cuenta que es la motivación principal del individuo al emplearse o permanecer en una empresa.

Eso lo hace ser un Momento de la Verdad muy importante que no surge una sola vez durante la relación de trabajo del empleado sino que estará siempre presente y aparecerá con relativa frecuencia sobre todo en momentos de crisis económicas o de abundancia de ofertas de empleo en el mercado laboral en donde se desenvuelva la empresa.

Esta función de Erreache no es solamente responsabilidad de un área sino que es del tipo de funciones en las que participan un sinnúmero de personajes como lo son aparte de las ya mencionadas los competidores de mano de obra, los headhunters, el vecino, el amigo y todos aquellos que en algún momento hagan dudar al empleado de que su paquete de compensación no es el adecuado

Preguntas de Reflexión.

1. ¿Cuál pudiera ser la reacción lógica de Juan al saber la respuesta de su superior?
2. ¿Qué debería haber hecho Erreache para enmendar el error o eliminar la posibilidad de que Juan deje la empresa?
3. ¿Cuál debe ser la actitud de un supervisor ante una situación como ésta?

En Resumen, la compensación forma parte de muchos Momentos de la Verdad del empleado y Erreache y este último deberá estar atento a las señales de inconformidad o dudas que tenga el empleado sobre su pago así como estar vigilante de no cometer errores en la paga del empleado ya que es un elemento muy sensible de las relaciones laborales.

Los Momentos de la Verdad de esta función se complican aun mas al incluirse en ellos a una multitud de personajes participantes que están fuera del control de Erreache y de la empresa en su conjunto por lo que se debe tomar una actitud preventiva a una decisión del empleado ya que generalmente las respuesta reactivas ante a la compensación no dan resultado o pueden resultar onerosas o causar problemas de inequidad interna.

El Momento de la Verdad de Juan será el aceptar su remuneración o no de acuerdo con lo esperado o con lo ofrecido por parte de la empresa. Esto determinar en gran medida su decisión de dejar la empresa o no.

Erreache tiene mucha participación o muchos Momentos de la Verdad para lograr que Juan tome al mejor decisión en su Momento de la Verdad respecto a la compensación y para Erreache los Momentos de la Verdad van desde el monto de los salarios hasta sus sistemas de pago que eviten tener un faltante así; como el manejar situaciones con los jefes inmediatos para resolver conflictos relacionados con el pago.

Los Momentos de la Verdad de Otros varían de acuerdo al área de competencia de cada uno de ellos puede que se trate de nóminas o del jefe inmediato, todos deben tener en cuenta que una falla en su Momento de la Verdad puede generar una salida o inconformidad del empleado

8

MOMENTOS DE LA VERDAD EN SUPERVISIÓN

Momento de la Verdad para ERREACHE.

INICIATIVA POSITIVA Grupo de líderes preparados.

INICIATIVA NEGATIVA Grupo de líderes no preparados.

Momento de la Verdad para JUAN.

RESULTADO POSITIVO Mi jefe es justo y buen líder.

RESULTADO NEGATIVO Jefe autoritario y difícil, me voy.

Momento de la Verdad para OTROS.

Otros participantes

Jefes inmediatos, alta gerencia, capacitación.

Escenario para JUAN

Juan está trabajando para un supervisor que se encuentra siempre ocupado en juntas o resolviendo problemas de su área de responsabilidad y esto está provocando que haya dejado las relaciones interpersonales de su personal en manos de otro empleado al que le delega la autoridad por encima de los demás compañeros.

Juan tenía otra impresión de esta persona ya que recién ingresó, el supervisor le puso mucha atención y parecía sinceramente preocupado de él y de sus problemas tanto personales como de trabajo.

Escenario para ERREACHE

Erreache llevó a cabo su proceso de entrega del personal con su nuevo jefe y vio que existía la química necesaria entre jefe y subordinado. Sin embargo últimamente ha notado que algunos empleados se están yendo de esa área o bien están pidiendo cambio de área.

Han estado planeando el programa de desarrollo de líderes pero la alta gerencia lo ha detenido por falta de tiempo, Erreache ha visto la urgencia de desarrollar a sus líderes como herramienta para reducir la rotación de personal

Escenario para OTROS

El supervisor ha estado o muy ocupado con todas las juntas de trabajo que han estado incrementándose con el tiempo. Siente que ha descuidado su estrecha relación que tenía con sus empleados y sabe que ya no conoce a los empleados de nuevo ingreso y esto lo hace sentirse presionado sobre todo cuando se acercan a hablar con él y no tiene el tiempo suficiente para hablar uno a uno.

El Momento de la Verdad para Juan reside en la aceptación o no del estilo de liderazgo de su jefe inmediato es decir, si se siente contento motivado y a gusto con la manera en la que es supervisado o dirigido o bien si por el contrario se encuentra trabajando para un jefe que lo ignora o lo dirige de manera autocrática y con malas maneras.

La decisión de Juan estará siempre latente con respecto a esta situación de supervisión -subordinación.

Siendo una de las principales razones de la rotación de personal en las empresas, Erreache debe monitorear las relaciones obrero patronales y al mismo tiempo estar capacitando constantemente a su cuerpo de supervisión y directivo.

Deberá jugar su papel de coach de ambas partes así que el Momento de la Verdad de Erreache radica en su capacidad de negociar y facilitar procesos de relaciones laborales entre los protagonistas

El Momento de la Verdad para otros está claramente definido por la propia función que desempeñan. Como supervisores deben cuidar la manera en la que llevan a cabo las interacciones con sus empleados ya que una falla por pequeña que sea puede provocar una reacción inesperada del empleado y decida abandonar el empleo. Deberán ser expertos no solo en las relaciones laborales sino saber de igual manera el manejo de las relaciones interpersonales ya que es este otro Momento de la Verdad importante del supervisor

Preguntas de Reflexión:

¿Qué es lo que espera un empleado como Juan de parte de su jefe directo? Y que puede causar que se vaya de la empresa que tenga relación con su jefe inmediato

¿Qué acciones puede o debe tomar Erreache para evitar la rotación de personal por la causa originada en la relación jefe subordinado?

¿Qué tipo de conocimientos y habilidades debe tener un supervisor de tal suerte que evite la salida de su personal?

En Resumen, siendo el trato del supervisor una de las principales causa de la rotación de personal en las empresas es indispensable trabajar con los tres personajes involucrados; el empleado, el supervisor y RH.

La capacitación de personal con funciones de supervisión es una tarea que se hace indispensable a fin de moldear el tipo de liderazgo que se desea tengan los integrantes de este grupo. Exámenes psicométricos, assessment centers y otras técnicas pueden ayudar a RH a cumplir con esta labor

Por su parte el empleado debe pensar bien antes de tomar una decisión que surja de un malentendido o de un momento de discusión o de presión y esperar a tener la cabeza fría a fin de tomar la mejor decisión en ese Momento de la Verdad o acudir con RH a fin de buscar una conciliación ante cualquier evento que cree no es posible de lograr de manera personal con su supervisor

Para el supervisor siendo esta su función primaria lo obliga a entender a sus subordinados y a manejar la disciplina y la comunicación de la mejor manera posible deberá buscar aquel estilo que mejor se adapte a su grupo de trabajo para tener una mejor convivencia con sus miembros.

El supervisor debe estar atento a cambios en el sentir de la gente que dirige a fin de convertirse en el mejor coach y guía de la gente a su cargo

9

Momentos de la Verdad en el ambiente laboral

Momento de la Verdad para ERREACHE.

INICIATIVA POSITIVA Clima Laboral adecuado.

INICIATIVA NEGATIVA Mal ambiente de trabajo.

Momento de la Verdad para JUAN.

RESULTADO POSITIVO Existe un buen ambiente de trabajo.

RESULTADO NEGATIVO No me llevo bien con mis compañeros, me voy.

Momento de la Verdad para OTROS.

Otros participantes

Compañeros de trabajo, Jefes inmediatos, todo el personal.

Escenario para JUAN.

Juan se encuentra trabajando muy a gusto con su grupo de compañeros de su área de trabajo y el ambiente que se respira es de camaradería y compañerismo incluso.

Juan ha hecho ya amistad con algunos de ellos con los que convive en otros ambientes fuera del trabajo. Por las mañanas se llevan a cabo pláticas informales sobre deportes o la familia o cualquier otro tema que les sea de interés general.

El día de ayer tuvo un altercado con su compañero por un trabajo que deben realizar ambos y su compañero no lo ayudó. Ahora se siente que el ambiente de trabajo está muy tenso ya que no se dirigen la palabra y Juan está pensando seriamente renunciar y buscar otra empresa.

Escenario para Erreache.

El Área de RH siente que su ambiente de trabajo está muy bien ya que no han tenido muchas demandas laborales en los últimos meses. Y es por eso que se sienten bien con ese indicador. Su rotación de personal está alta y pareciera estar fuera de control.

Recientemente han notado un cambio en el ambiente de trabajo ya que a través de las entrevistas de salida han notado que los empleados se refieren a la falta de compañerismo como el motivo principal de su salida

Escenario para Otros.

El supervisor del departamento ha estado ausente de su área de trabajo debido a una nueva asignación de un trabajo especial que le quita mucho de su tiempo de trabajo. Ha notado que las relaciones interpersonales están muy tensas entre sus miembros del equipo y algunos han decidido irse de la empresa por diversas razones.

Él está consiente que ha descuidado la supervisión del personal pero tiene que cumplir con esa nueva asignación.

El Momento de la Verdad para Juan surge cuando nota que las condiciones de trabajo y en especial las de trabajo en equipo y el compañerismo en el grupo han cambiado y tanto así que lo hacen pensar en dejar el empleo. Aquí Juan decidirá si vale la pena cambiar de empleo o bien quedarse y tratar de buscar alguna solución a este problema que, lo inquieta.

Podría acudir con su supervisor y comentar el asunto pero éste está cada día más lejano de lo que sucede en el área de trabajo debido a una asignación que le dieron.

Podría también optar por solicitar un cambio de área aunque le gusta mucho lo que lleva a cabo y por último buscar un acercamiento con su compañero con el cual tiene problemas y llegar a un acuerdo que los beneficie a ambos.

Para Erreache el Momento de la Verdad está en mantener un clima de trabajo participativo y agradable que logre minimizar roces entre los empleados y preparar a sus mandos intermedios en el manejo de conflictos.

Su función primordial es la de monitorear constantemente el ambiente y las situaciones que se presenten, al tener información importante obtenida de las entrevista de salida podrá darse cuenta de aquellas áreas o supervisores que estén teniendo salida de personal y conocer de las causas que dieron origen a dichas salidas.

El tener información lo hace funcionar como un intermediario o un asesor del jefe inmediato del trabajador para hacerle llegar la información sobre lo que está sucediendo al interior de su grupo.

Asimismo Erreache debe mantener una educación continua en el desarrollo de sus mandos intermedios a fin de mantenerlos al día en lo referente a su importante función de supervisar personal.

Para Otros se tiene por supuesto el Momento de la Verdad para el supervisor está en decidir de qué manera puede cumplir con esta dualidad de hacer su función de supervisor de un grupo de empleados y por otra cumplir con el nuevo proyecto que le fue asignado.

Podría por ejemplo nombrarse –junto con Erreache- a un jefe provisional que lo supla durante el período que dure el proyecto asignado o bien tener juntas de comunicación con su personal o con aquellos que presenten algún problema que requieren de su atención personal.

Debe estar consciente de que su grupo lo necesita por lo que su Momento de la Verdad podría estar sujeto únicamente a la administración del tiempo.

Otros también incluye a los compañeros de Juan quienes a través de sus acciones han estado provocando un malestar en Juan y en este caso su Momento de la Verdad tiene que ver con la decisión que tomen sobre seguir con su actitud o buscar negociar un cambio de actitud que permita una mejor convivencia en el grupo

Preguntas de Reflexión

¿Qué puede hacer que Juan cambie de opinión si está decidiendo dejar la empresa?

¿Es Erreache actor fundamental en este caso y cuál sería su mejor actuación?

¿El jefe inmediato que está muy ocupados qué puede hacer para apoyar a su equipo que lo está necesitando?

En Resumen, la relación con los compañeros presenta diferentes aspectos a analizar por un lado tenemos la propia

relación con estos que hará que el empleado se sienta parte de un equipo de trabajo y que además se genere un lazo de amistad y que si existiese una diferencia de opinión o un conflicto derivado del trabajo o no, haga que el empleado tome la decisión de irse de la compañía.

Tenemos por otro lado la necesaria participación del supervisor de estos empleados a quienes ha descuidado debido a una nueva asignación que no le permite pasar más tiempo y poner más atención a lo que sucede en su grupo.

En este caso el supervisor tiene que encontrar una solución a este conflicto ya que su ausencia está generando algún tipo de descontrol y descontento en el grupo con las consecuencias que esto conlleva. La figura de cohesión lo es el supervisor y deberá tomar la decisión que le permita cubrir con ambas funciones.

Para el caso de Erreache, este tiene que forzar situaciones y monitorear a través de sus medibles aquellas áreas en las que están surgiendo problemas de indisciplinas o vienen aquellas en donde está incrementándose la rotación de personal sin causa aparente.

Además deberá preparar a sus mandos medios en la asignación de tareas y manejar al personal o en resolución de conflictos y comunicación efectiva

10

Momentos de la Verdad en Entrenamiento y Desarrollo

Momento de la Verdad para ERREACHE.

INICIATIVA POSITIVA Planes y sistemas de desarrollo formales.

INICIATIVA NEGATIVA No plan de desarrollo formal y falta de entrenamiento inicial.

Momento de la Verdad para JUAN.

RESULTADO POSITIVO Existe plan de desarrollo y me entrenaron bien.

RESULTADO NEGATIVO No me entrenaron y está muy difícil y no veo oportunidades Me voy.

Momento de la Verdad para OTROS.

Otros participantes

Entrenador, jefe inmediato, Compañeros de trabajo.

Escenario para Juan.

Juan ingresó a la empresa y desde el principio no recibió un entrenamiento formal en la actividad que se le asignó solo tuvo la explicación de alguno de sus compañeros de trabajo sobre cómo realizarla. Ahora después de varios días se da cuenta que no le enseñaron bien a realizar sus actividades. Solo lo dejaron en el área y le pidieron a un compañero que lo enseñara como hacer la función.

Este personaje lo hizo en sus ratos libres y no de muy buena gana.

Juan siente que no ha podido dominar la actividad y se siente señalado por los demás como alguien que no sabe o que comete muchos errores. Se lo ha comentado a su jefe inmediato pero este lo vuelve a referir al compañero con más antigüedad para que lo entrene.

Esto se está volviendo un problema de autoestima de Juan quien piensa seriamente renunciar porque cree estar seguro que lo van a despedir muy pronto por todos los errores que ha estado cometiendo.

Escenario para Erreache.

El área de recursos humanos ha estado tratando de armar un buen plan de entrenamiento entre su área y las demás áreas de la organización a fin de mejorar por un lado la calidad, la eficiencia y sobre todo desarrollar al personal y ayudarle a hacer más fácil su tarea.

Desafortunadamente nadie parece tener tiempo para esta actividad ya que les parece que no es tan necesario o importante el formar áreas de entrenamiento o procesos de entrenamientos formales y estructurados. Si un empleado puede hacer la tarea de enseñar al otro sin incrementar la plantilla de personal y los costos.

Escenario para Otros.

El jefe inmediato de Juan está desesperado porque Juan no ha alcanzado el nivel que se esperaba de desempeño a pesar de que él asignó a uno de los empleados con más experiencia en el área. Está pensando seriamente en despedirlo

El área de calidad continúa mostrando resultados nada halagadores en lo referente a la calidad del producto. Ha intentado al igual que Erreache de establecer un sistema de entrenamiento que permita eliminar los errores pero no ha tenido tampoco respuesta

El Momento de la Verdad para Erreache radica en la importancia que le dé a la función de entrenamiento no solo como una herramienta para hacer un trabajo o una función específica sino como herramienta para el desarrollo personal que le permita a la organización desarrollar a su personal y así tener personal con talento plenamente identificado para ayudar al desarrollo y éxito futuro de la organización

Erreache debe hacer entender a las diferentes áreas que es un proceso de ganar-ganar ya que de no hacerlo se está teniendo no solo problemas de salida de personal sino que ya existen problemas de calidad del producto y mucho de esto a causa de un pobre entrenamiento

Su Momento de la Verdad está en cambiar la manera de entrenar al personal o dejar que siga el entrenamiento como hasta ahora

El Momento de la Verdad para Juan está muy claro. La falta de capacitación formal le tiene preocupado al grado de pensar que lo van a despedir; lo que hace que esta situación haga más difícil; su trabajo y concentración.

Su Momento de la Verdad está en decidir si continua trabajando en las condiciones en las que se encuentra o bien salirse de la empresa antes de que lo despidan

El Momento de la Verdad para otros se presenta en decidir si desean o no un cambio en la manera de entrenar a su personal es decir, tomar la decisión de cambiar el proceso o de continuar con el método que utilizan actualmente a pesar de los problemas que esto les origina

Preguntas de Reflexión.

¿Cómo el entrenamiento detendría la posible salida de Juan?

¿Qué necesita Erreache para solucionar el problema de entrenamiento?

¿Cómo el área puede coadyuvar con Erreache en desarrollar un buen programa de entrenamiento?

En resumen,

La función de entrenamiento pareciera no ser parte de una decisión de un empleado de una empresa, sin embargo el papel que juega en la autoestima del empleado la hace igualmente importante en el proceso de retención de un empleado.

Si a esto se le agrega la parte de desarrollo del empleado es doble su participación y en este último concepto tiene que ver con venderle el futuro al empleado venderle oportunidades de crecer.

El empleado puede decidir quedarse con la empresa o no tan solo por no haber sido entrenado ¿Porqué? Porque esto le puede causar angustia o bien siente que no tendrá otras oportunidades más adelante y que se quedar estancado.

El no contar con un proceso bien estructurado de entrenamiento no solo causa la salida de los empleados sino que trae otras consecuencias que se derivan en otros Momentos de la Verdad de la organización.

Promover el desarrollo del empleado es una valiosa herramienta para retención y motivación del empleado y como una herramienta de mejora continua.

Los Momentos de la Verdad que se le presenten a la organización en materia de entrenamiento y desarrollo son forzosamente Momentos de la Verdad colectivos en los que deben participar mas de una área de la empresa si se desea que estos sean suficientemente robustos.

11

MOMENTOS DE LA VERDAD EN DISCIPLINA

Momento de la Verdad para ERREACHE

INICIATIVA POSITIVA El personal de supervisión está bien capacitado para sus funciones.

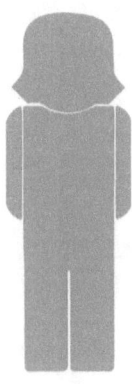

INICIATIVA NEGATIVA Falta preparación al personal de supervisión.

Momento de la Verdad para JUAN.

RESULTADO NEGATIVO Mi jefe es muy exigente y castiga mucho me voy.

RESULTADO NEGATIVO Mi jefe es justo y cuando disciplina lo hace bien.

Momento de la Verdad para OTROS

Otros participantes

Jefe inmediato, Compañeros de trabajo.

Escenario Para Juan.

Juan ha recibido varias llamadas de atención que al parecer no han sido todas culpa de Juan y siente que su supervisor está actuando injustamente ya que él es quien recibe el mayor número de llamadas de atención en el equipo a pesar de que las fallas que ha habido han sido por culpa de varios de los integrantes del equipo.

Escenario para ERREACHE.

Han estado enterados de algunos problemas en cierta área de la empresa en donde se ha estado recibiendo información de que hay un empleado que está recibiendo muchas llamadas de atención y por lo tanto se está preparando pasar al siguiente nivel de llamadas de atención o incluso la separación de este empleado.

No se han acercado a platicar con el empleado aún, solo recibieron la información del supervisor.

Escenario para OTROS

El supervisor de Juan se encuentra listo para pedir la baja del empleado debido a la gran cantidad de medidas disciplinarias que han impuesto a Juan.

Desde que empezó a trabajar para el no ha existido química y no han podido congeniar y por lo tanto no existe la comunicación que le gustaría tener con su empleado. No quiere complicarse y por eso ha pensado en despedirlo.

Los compañeros de Juan han notado que es precisamente a él a quien el supervisor continuamente corrige a pesar de que han sido en ocasiones otras personas las causantes de alguno de los problemas. Nadie quiere hablar por temor a ser despedido.

El Momento de la Verdad de Juan está muy claro y es decidir enfrentar a su supervisor o pedir apoyo de RH y quedarse a trabajar o bien tomar la decisión de dejar a la empresa sin mayor problema.

El Momento de la Verdad de Erreache se vuelve complicado ya que implica establecer o rediseñar un sistema de entrenamiento que cumpla con las expectativas del área y a su vez cumpla con las necesidades de la persona en términos de seguridad y conocimiento de su actividad que le permita un mejor desempeño y estabilidad emocional.

Este Momento de la Verdad de Erreache incluye además el trabajar con la gerencia en la creación de este sistema de entrenamiento y que incluye además la parte del desarrollo del empleado de tal suerte que le genere una clara visión de su futuro en la organización.

Erreache por lo tanto podrá por un lado generar un sistema de entrenamiento o bien seguir con el proceso actual con las consecuencias que esto conlleva.

El Momento de la Verdad de Otros está en decidir si cambia su forma de entrenar al empleado como una parte de su proceso de mejora continua o bien seguir con su actual manera de entrenamiento y esperar que el empleado aprenda sus funciones de la manera en lo que le es enseñada, sabiendo que la causa de muchas de los errores en el área son debidos a un pobre entrenamiento.

Preguntas de Reflexión.

¿Es posible que Juan permanezca en la empresa después de recibir un entrenamiento adecuado?

¿La función de entrenamiento y desarrollo es una fuente de retención de empleados y como lo hace posible?

¿Puede un supervisor determinar que la causa de la salida de un empleado se deba ala falta de entrenamiento?

En resumen, la falta de programas robustos y claros de entrenamiento y desarrollo en las empresas puede no solo generar problemas de calidad o de productividad sino que pueden ser también claves en la retención del personal ya que por un lado un entrenamiento deficiente le puede generar angustia al empleado al no poder alcanzar los estándares que le fueron asignados y por el otro puede ser que las constantes fallas de empleado orillen a su supervisor a tomar una decisión de despedirlo sin tomar en cuenta la falta de entrenamiento adecuado.

El contar con un sistema de desarrollo del personal también puede ser una herramienta más de retención ya que le da una visión clara de su futuro en la empresa y además le genera aumento a su autoestima al desarrollarse personalmente.

Momento de La Verdad como una constante

A lo largo de la vida laboral de un empleado se viven una serie infinita de Momentos de la Verdad en lo que se refiere a la permanencia del empleado.

Podría decirse entonces que existe un Momento de la Verdad constante entre la empresa y sus empleados en el cual la falla u omisión de una tarea o de un proceso e incluso de una transacción hace que se habilite el proceso de toma de decisiones del empleado en lo que se refiere a permanecer o no y esto hace a su vez que le empresa y sus representantes vivan sus propios Momentos de la Verdad y sus propios procesos de toma de decisión respecto de ser y hacer alrededor de los empleados.

Se dice que el Momento de la Verdad es constante aunque en realidad no es uno solo sino que son un sinnúmero de Momentos de la Verdad que se viven a diario y a toda hora en las interacciones empleado-empresa.

Así que existen Momentos de la Verdad en cada área de la empresa, en cada persona y en cada momento, por lo que ahí radica la importancia de entenderlos y conocerlos para tener cuidado de tomar la mejor decisión para que la contraparte tome su mejor decisión como consecuencia de la primera.

Pero como identificar los momentos de la verdad y quiénes son los participantes clave en ellos?

Una opción es el hacer una matriz como la que se presenta a continuación.

Proceso: Reclutamiento

Participante	actividad	Decisiones
Candidato	solicitar empleo en nuestra empresa	Me atrae la empresa por lo que me entere de ella
Erreache	procesos de reclutamiento para atraer candidatos	Tener establecida estrategia de reclutamiento
Guardias de seguridad	bienvenida a candidatos	Calidez y preparación
Otros: agencia	reclutar	Proceso eficiente

En adición a la elaboración de la matriz se pueden marcar pasos específicos en los que pudiera haber una decisión adversa por parte del empleado y de esa manera se convierten en decisiones críticas que requerirán un poco mas de atención.

Los Momentos de la Verdad Cero, Primero y Segundo
(ZMOT, FMOT & SMOT).

El Momento Cero de la Verdad ZMOT es el momento en el que el cliente toma conocimiento del producto o servicio y esto ocurre aún antes de que el vendedor tenga noción alguna de la existencia del comprador.

Si esto lo llevamos al plano de Recursos Humanos es el momento en el que un posible candidato investiga o sabe de la empresa y ésta aún no sabe que existe o que está intentando conocerla para tomar su primera decisión de buscar empleo o no con ella.

Esto se conoce también como Reclutamiento inverso ya que el candidato está investigando a la empresa aun sin esfuerzos de reclutamiento por parte de ella es decir que la reputación de la empresa hace que el individuo decida conocer de la empresa aun sin existir vacantes específicas.

Esto se da en empresas consideradas como empleadores de elección o sea aquellas empresas en las que los individuos desean trabajar o están a la espera de una vacante.

Las empresas hacen su labor de "branding" durante muchas actividades que es lo que hace llamar la atención de candidatos y es clave la opinión de los empleados al servir como embajadores de la empresa dentro y fuera de esta. La mejor publicidad que puede tener la empresa es aquella que viene de una opinión positiva por parte de sus empleados actuales.

El Primer Momento de la Verdad (P&G le llamó First Moment of Truth FMOT a los 3 o 7 segundos en los que un consumidor considera un producto de los anaqueles) es cuando el consumidor tiene el primer contacto con el producto o el servicio y surge el "aja" al empezar a comparar ya con conocimiento suficiente las características de ese producto o servicio contra todas las opciones posibles a su alcance.

En el área de Recursos Humanos podemos decir que el Primer Momento de la Verdad surge cuando el candidato se encuentra ya en un proceso real de selección y empieza a comparar a la empresa con otras para tomar la mejor decisión.

El segundo Momento de la Verdad SMOT es cuando el cliente una vez hecha sus comparaciones decide comprar el producto o servicio.

En el terreno de recursos humanos es cuando el candidato decide contratarse con la empresa después de un análisis de lo que percibió o le fue presentado para que tomara la decisión de ser contratado.

Generalmente este Momento de la Verdad surge después del proceso de entrevista aunque es confirmado después del proceso de orientación al nuevo empleado

¿QUÉ HAY DESPUÉS DE LOS ZMOT, FMOT, SMOT EN RECURSOS HUMANOS?

Después de:

Momento Cero de la Verdad (Zero Moment Of Truth que es cuando se da la primera reacción

Primer momento de la Verdad (FMOT First Moment of Truth): que es cuando se contacta con la empresa.

Segundo Momento de la Verdad (SMOT Second Moment of Truth): que es cuando se contrata.

Surgen un sinnúmero de Momentos de la Verdad que se van a venir sucediendo a lo largo de la vida laboral y durante todas las transacciones, acciones, eventos e intercambios que tenga el empleado durante su vida laboral

Cada acción y reacción del empleado y cada una de las situaciones alrededor de él lo llevarán a tomar decisiones que pueden ir desde hacer algo para cambiarlo o bien llevar a cabo algo para al final tomar la decisión de salir de la organización

Es por eso que las personas que llevan a cabo o administran la función de Recursos Humanos deben estar atentas a los diversos eventos que se dan al interior de las organizaciones y analizar cuales Momentos de la Verdad del empleado son influenciables y cuáles no, para poder actuar en consecuencia y eliminar o reducir la posibilidad de la salida de los empleados

De ahí en adelante empiezan a surgir todos los Momentos de la Verdad durante las interacciones empresa/empleado.

¿Cuál es el Momento de la Verdad de Cada quien?

Si se toma en consideración que un Momento de la Verdad es cada una de las oportunidades de hacer la diferencia en el servicio o para orientar la decisión de un individuo, es posible decir que el Momento de la Verdad de cada persona está en función del número de transacciones de tipo personal que tenga con un empleado al cual pueda servir de la mejor manera posible.

Siendo tarea de la función de recursos humanos una función de servicio, porque no prepararse para ser el mejor proveedor de servicio al cliente a través de la identificación de los Momentos de la Verdad de sus respectivas áreas de competencia.

Pero no solo se trata de identificar sino de actuar con esmero y calidad para que esos Momentos de la Verdad posean la calidad que el cliente desea y espera recibir de parte de la empresa

Como se expresó con anterioridad existen muchos Momentos de la Verdad durante la vida laboral de un empleado pero de todos ellos podemos decir que los siguiente pueden ser considerados los 10 Momentos de la Verdad más importantes o que juegan un papel importante en la decisión de un empleado.

Los 10 Momentos de la Verdad más Importantes

1. El primer contacto (primera impresión) que tiene el individuo con la empresa.
2. El proceso de selección principalmente durante la entrevista de empleo.
3. El día anterior a su primer día de trabajo.
4. El primer día de trabajo.
5. La primera sesión de retroalimentación con el jefe inmediato.
6. El primer día de pago.
7. El primer problema relacionado al trabajo.
8. La primera discusión con el jefe inmediato.
9. La primera plática sobre desarrollo del empleado.
10. Cambios en el ambiente de trabajo.

Existen muchos más pero estos son momentos importantes en la decisión de quedarse con una empresa o no.

El Papel de Recursos Humanos en los Momentos de la Verdad de la Organización

La función de recursos humanos en lo referente a los Momentos de la Verdad tiene que ver con varias actividades a asumir al interior de las organizaciones.

Esto son algunos de los papeles que debe asumir como representante de la función de manejo del recurso humano:

Servicio al cliente

Debe convertirse en un campeón del servicio al cliente adelantándose a las necesidades de cada uno de los participantes de la relación laboral empleado, jefes y empleados en general.

Coach

Debe servir como coach del personal con funciones de supervisión ya que estos juegan un papel muy importante en las relaciones laborales y en los Momentos de la Verdad que vive el empleado cada día al interior de sus grupos de trabajo.

Asesor

Debe ser un asesor o consultor de todos los niveles de la organización en su debida dimensión para cada uno de ellos a fin de hacer las relaciones laborales más sólidas y duraderas.

Líder

Debe saber ser el líder en lo referente a servir al cliente, mostrar a través del ejemplo como llevar el liderazgo en materia de servicio al cliente. Además debe convertirse en el líder del proceso del cambio.

Mentor

Debe guiar a quien este en proceso de aprendizaje sobre servicio y acompañarlo y apoyarlo en toda su etapa de adaptación.

Mediador

Debe fungir como mediador entre la organización y sus empleados ya que surgirán conflictos en todo proceso de cambio

CONCLUSIÓN

Los Momentos de la Verdad son la unión de varias decisiones –como un árbol de decisiones que se van uniendo y que van tomando rumbos que la persona va decidiendo y que van conformando su vida y pueden ser explicados de manera muy clara si hacemos una analogía con los Momentos de la Verdad en la vida de cada uno de nosotros.

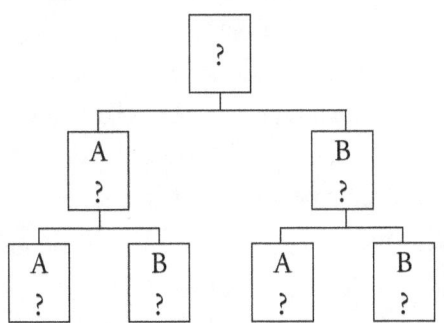

Momentos de la Verdad que hacen que el destino de nuestras vidas cambie y vuelvan a cambiar cuando se presenta uno más y así a lo largo de nuestras vidas.

Por ejemplo:

Un Momento de la Verdad clave es la decisión que tomemos de estudiar una carrera profesional o no. De aquí se desprenderán dos destinos diferentes y suponiendo que decidamos estudiar surge un nuevo Momento de la Verdad al decidir qué carrera estudiar y en qué escuela esto nos llevará por otro camino muy diferente que el probable camino del primer momento de la verdad.

Se hace notar inmediatamente la importancia de identificar que acciones y decisiones en nuestra vida son claves para nuestro futuro.

Un segundo ejemplo:

Salir o no con una chica o chico este es el primer Momento de la Verdad.

Si decide salir con él o ella surgen nuevos momentos de la verdad a lo largo de esa relación hasta que surge un Momento de la Verdad muy importante: me caso o no con él o ella.

Cada una de las decisiones que tomemos durante la vida nos llevará a un destino diferente de haber tomado la otra decisión.

Así sucede en la vida laboral al interior de las empresas. La decisión que tome el empleado le afectará en su carrera no solo dentro de la empresa sino en su carrera laboral en general.

Por ejemplo el empleado toma la decisión de actuar deshonestamente en la empresa. Esta decisión lo hará tener consecuencias no solo en la empresa que lo despida sino en su futuro buscando empleo y tenga un record malo en su anterior empleo.

Pero los Momentos de la Verdad también son parte de las organizaciones. Por ejemplo La empresa decide no invertir en un equipo de seguridad que requiere una maquina y a los pocos días surge un accidente de un empleado en dicha maquina. El Momento de la Verdad de la empresa se presenta ante la disyuntiva de comprar o no el equipo requerido. La empresa tomó la decisión de no gastar en el equipo de seguridad y ahora vive las consecuencias de esa decisión.

¿Cuál sería el panorama de haber tomado la decisión opuesta? El accidente quizás no habría ocurrido.

Y de aquí se pudieran desprender más Momentos de la Verdad que pudiera complicar la situación legal y laboral de la empresa.

Es por eso que es importante que al llegar el momento de tomar una decisión se tome en cuenta el concepto de Momento de la Verdad a fin de pensar muy bien los diferentes escenarios que se podrían presentar en cada decisión que se tome.

Un Momento de la Verdad es un análisis de riesgos y a la vez en un método de mejor servicio al cliente.

Todo Momento de la Verdad es importante para todo aquel involucrado en esa decisión.

Los Momentos de la Verdad en Recursos Humanos tienen una doble carga de importancia ya que se adiciona la carga emocional que puede afectar el resultado de una decisión tanto personal como de negocio.

Entendamos los momentos de la verdad y usémoslos en beneficio de todos.

Reconocimientos

Quisiera agradecer a algunas personas que me inspiraron y colaboraron directa e indirectamente para generar en mí la motivación de escribir este libro.

A Rosario Álvarez gran amiga y colega quien me ha apoyado en mi desarrollo profesional y quien me motiva con sus palabras de aliento a seguir trabajando no solo para uno mismo sino para los demás.

A mis compañeros profesionales de Recursos Humanos quienes siempre me han dado la oportunidad de expresar mis ideas y por su amistad y compañerismo.

A Perla García por creer en mí, motivarme a seguir y seguir sin claudicar.

A Deyanira Pérez quien con su energía y actitud positiva me ha dado lecciones de motivación y deseos de trascender y a seguir con mis proyectos a pesar de adversidades en el camino.

A Jorge Tiscareno quien con su coherencia y sabiduría me ayudó en momentos críticos de mi carrera. Siempre fuerte, siempre amigo.

A José Yarahuan por confiar en mí y en lo que hago. Por su amistad sincera. Por ser quien es.

A Mónica Cisneros quien vive a cada dia la función de RH, por su apoyo y su amistad.

A Esperanza Mergil quien me dio lecciones de servicio al cliente y su apoyo a todas mis ideas por ilógicas que fueran estas y por su amistad.

www.ingramcontent.com/pod-product-compliance
Lightning Source LLC
Chambersburg PA
CBHW021435170526
45164CB00001B/246